Vorbemerkung

Wir, Manfred und Philip, haben ein Buch über Adultismus geschrieben. Was *Adultismus* ist, erklären wir weiter unten. Hier findet ihr im Internet etwas über unser Buch:
www.bertz-fischer.de/adultismus

Wir arbeiten beide an einer Universität, an der Kinderrechte gelehrt werden. Wir haben aber auch viel mit Kindern und Jugendlichen gearbeitet und sind selber Väter.

Das oben genannte Buch ist dick und in schwerer Sprache. Hier versuchen wir, den Inhalt in einfacher Sprache zusammenzufassen. Diese Einführung wurde von sechs jungen Menschen gelesen und korrigiert, bevor sie veröffentlicht wurde. Hierzu zählen Jana Reischel, Lijan Christ, Lino F. sowie Linus Budde.

Junge Menschen sollen sich auch über das Thema Adultismus informieren können. Sie haben Adultismus oft selber erfahren und machen sich eigene Gedanken dazu. Wir freuen uns aber auch, wenn Kinder *selber* über ihre Erfahrungen mit Adultismus erzählen oder schreiben. Das können sie zum Beispiel in einem *Zine* oder einem Blog machen. Einige kennen wir schon.

Manfred Liebel / Philip Meade

Was ist Adultismus?

Die Macht der Erwachsenen über die Kinder

Eine Einführung für Jugendliche

Mit Zeichnungen von Natascha Welz

BERTZ + FISCHER

Inhaltsverzeichnis

Adultismus kurz & knapp

Adultismus kurz & knapp

Wann wurdest du das letzte Mal nach deinem Alter gefragt?

(Zwischendurch stellen wir ein paar Fragen, die zum Nachdenken anregen sollen. Es ist kein Test … ihr müsst sie nicht beantworten.) 😉

Junge Menschen werden öfter nach ihrem Alter gefragt als ältere. Das hat einen Grund. Die meisten ➡ Gesellschaften auf der Welt teilen Menschen in Gruppen ein. Sie unterscheiden zwischen den Kindern, den Jugendlichen und den Erwachsenen. Die ➡ *Vereinten Nationen* sagen: Alle Menschen bis zu ihrem 18. Geburtstag sind »Kinder«. Also gehören auch Jugendliche noch zu den Kindern. Meistens heißt es dann, dass Erwachsene klüger sind, mehr

Eine **Gesellschaft** sind ganze viele Menschen, die zusammenleben. Zum Beispiel in einem Land, einem Ort oder einer Region.

Die **Vereinten Nationen** sind ein Zusammenschluss fast aller Staaten der Welt. Sie haben erklärt, dass sie hier zusammenarbeiten wollen, um die Welt gerechter zu machen.

können und mehr dürfen als Kinder. Darum denken sie, dass sie über Kinder bestimmen sollten. Kinder werden oft respektlos behandelt. Das alles wird »Adultismus« genannt.

Adultismus erkennt man zum Beispiel in der Art, wie Erwachsene mit Kindern reden. Die folgenden Sätze haben wir öfters gehört, als wir jünger waren.

Erwachsene befehlen Kindern, bestimmte Dinge zu tun oder zu lassen:

- **Sieh mich an, wenn ich mit dir rede!**
- **Räum gefälligst deinen Kram weg!**
- **Gib der Tante die Hand.**
- **Kinder unterbrechen nicht, wenn Erwachsene reden!**

Die Meinung und Gefühle von Kindern werden von Erwachsenen nicht ernst genommen:

- **Rede keinen Quatsch!**
- **Sei nicht so albern.**
- **Stell dich nicht so an!**
- **Das ist doch alles Kinderkram.**

Erwachsene drohen Kindern oder beschämen sie:

- **Wenn du nicht aufisst, kriegst du keinen Nachtisch!**
- **Schämst du dich etwa nicht?**
- **Muss ich denn erst mit dir schimpfen?**
- **Gleich gibt's was hinter die Ohren!**

Und Erwachsene zeigen, dass sie Kinder für nicht sehr schlau halten:

- **Das ist nichts für Kinder!**
- **Dafür bist du noch zu klein.**
- **Das kannst du gar nicht beurteilen.**
- **Was weißt du schon? Du hast doch noch gar nichts erlebt!**

Oft reden Erwachsene schlecht über Kinder, wenn sie nicht dabei sind. Oder sie geben Antworten, wenn Kinder etwas gefragt werden und selber antworten könnten. Oder sie setzen Kinder unter Druck. Manchmal werden Kinder von Erwachsenen aber auch einfach nicht beachtet. Kinder müssen meistens »Sie« zu Erwachsenen sagen, werden aber immer

ADULTISMUS
NUR FÜR ALTE!

mit »Du« angeredet. Um Kinder weniger ernst nehmen zu müssen, sagen Erwachsene, Kinder seien »süß« oder »niedlich«. Oder sie nennen sie »Fritz*chen*« oder »Anna*lein*«. Wenn jemand etwas Albernes oder Dummes macht, wird das »kindisch« genannt. Oft werden Kinder von Erwachsenen angefasst, ohne gefragt zu werden, ob sie das möchten. Oder sie werden sogar geschlagen.

Das »Antiadultistische Manifest« eines 17-jährigen Jungen aus Spanien enthält außerdem folgende Beispiele:

- Dir eigene Entscheidungen zu verwehren, wenn du zum Beispiel Ohrringe tragen willst, oder dir zu verbieten, bestimmte Orte aufzusuchen oder eine bestimmte Kleidung zu tragen, das ist Adultismus.

- Dir zu sagen, du seist launisch, weil du dich weigerst, bestimmte Dinge zu tun, zu essen oder zu denken, was man einem Erwachsenen niemals vorwerfen würde, das ist Adultismus.

😨 Dir Antworten auf grundlegende Fragen zu Sexualität, Politik oder Religion zu verweigern oder dich anzulügen, weil du angeblich noch nicht reif genug bist, das ist Adultismus.

😨 Dich aufgrund deines geringen Alters mittels Schrottverträgen als Praktikant oder »um Erfahrungen zu sammeln« auszubeuten, das ist Adultismus.

😨 Junge Menschen als Hooligans, Drogensüchtige, ➡ Alkoholiker*innen oder Nichtsnutze abzustempeln und dies in einer Vielzahl von Filmen und Serien zu verbreiten, das ist Adultismus.

Das **Sternchen (*)** benutzen wir, um zu zeigen, dass wir nicht nur männliche, sondern auch weibliche und alle anderen Geschlechter meinen. Es gibt eben mehr als nur Mann und Frau!

😨 Junge Menschen für Handlungen zu bestrafen, die einem Erwachsenen niemals vorgehalten würden, das ist Adultismus.

😨 Dich zu einem bestimmten Verhalten zu zwingen, ohne dir die Gründe zu nennen, das ist Adultismus.

😨 Dir Rechte zu verweigern, indem du nicht als menschliches Wesen mit einem menschlichen Verstand, einem menschlichen Körper und der Fähigkeit zu denken, zu entscheiden und zu fühlen, anerkannt wirst ..., all das ist Adultismus.

Das Manifest findest du hier auf Spanisch:
https://distripolaris.noblogs.org/files/2015/04/El-Manifiesto-Antiadultista-con-e.pdf

Beispiele für Adultismus finden sich in der Familie, in der Schule, in der Jugendhilfe, in der Arztpraxis, in Gesetzen oder auf der Straße. Zum Beispiel dürfen nur manche

Ja Susilein!!
Ja Omilein!!

Kinder mitbestimmen, wohin es in den Ferien geht. Schüler*innen dürfen sehr selten mitbestimmen, was sie lernen wollen. Während der Corona-Jahre wurden Kinder kaum nach ihrer Meinung gefragt. Sie zogen immer wieder den Kürzeren. ➜ Pädagog*innen kontrollieren Kinder, weil sie die Kinder beschützen wollen. Ärzt*innen sagen, dass Kinder ab einem bestimmten Alter bestimmte Sachen können müssen. Kinder bis 13 Jahre dürfen in Deutschland kein Geld verdienen, auch wenn sie es wollen. Kinder werden nicht gefragt, wenn etwas Neues in ihrer Nachbarschaft gebaut werden soll. Überall gibt es Straßen für die Autos der Erwachsenen. Aber an vielen Orten hängen Schilder, die Kindern das Ballspielen verbieten.

Pädagog*innen sind Menschen, die mit Kindern und Jugendlichen arbeiten und sie erziehen wollen.

Es gibt noch viel mehr Beispiele, wo Kinder benachteiligt oder missachtet werden. Welche kennst du aus deinem Leben?

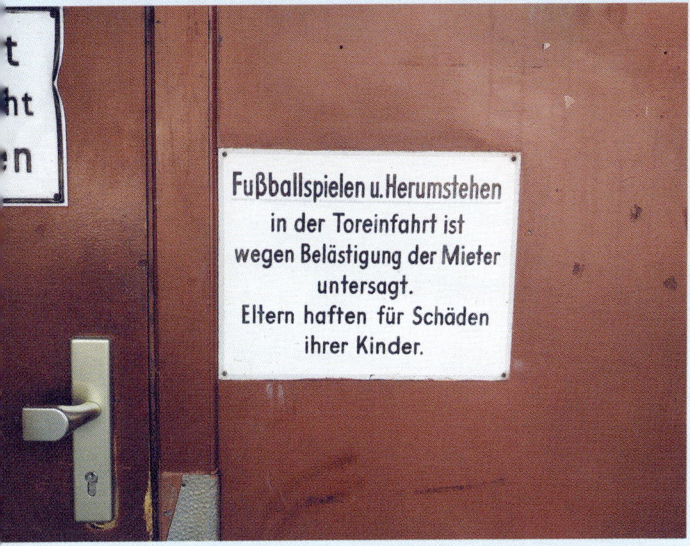

Solche Schilder kennst du vielleicht auch? Wir finden sie ganz schön adultistisch. Seit 2011 darf »Kinderlärm« in Deutschland übrigens nicht mehr bestraft werden.

Wir denken, dass diese Beispiele »adultistisch« sind. Unsere Gesellschaft ist schon sehr lange adultistisch. Unsere Eltern und unsere Vorfahren haben auch Adultismus erlebt, als sie jung waren. Aber nicht nur Erwachsene können adultistisch zu Kindern sein. Auch Kinder und Jugendliche können zu Jüngeren adultistisch sein. Zum Beispiel, wenn sie Jüngere aufgrund ihres Alters hänseln oder fertigmachen.

Viele Menschen merken gar nicht, dass es Adultismus gibt oder sehen darin kein Problem. Das liegt daran, dass Adultismus so häufig vorkommt: Fast alle Menschen haben sich seit ihrer Kindheit daran gewöhnt. Für uns alle ist Adultismus sozusagen ganz *normal*. Deshalb wird über Adultismus auch in Schulen und Universitäten wenig gesprochen und geforscht. Manche Erwachsene haben Adultismus aber in den vergangenen Jahren zum Thema gemacht. Und junge Menschen regen sich schon lange über Adultismus auf, auch wenn sie das Wort nicht benutzen.

Adultismus kann viele unterschiedliche Auswirkungen auf Kinder haben. Zum Beispiel können sie unsicher werden, sich hilflos fühlen oder an sich selbst zweifeln.

Na, du Süße?

Andere Kinder sind frustriert oder werden wütend. Manche Kinder wehren sich gegen Adultismus. Andere ziehen sich zurück und werden still oder traurig. Einige sind gemein zu schwächeren Kindern. Dennoch versuchen die meisten Kinder, mit den Erwachsenen im Alltag irgendwie zurechtzukommen.

Erwachsene sind nicht immer absichtlich adultistisch. Manchmal denken sie einfach nicht nach. Manchmal wollen sie es sich bequem machen. Manchmal glauben sie, durch Kontrolle sich weniger sorgen zu müssen. Manchmal haben sie selber keine Wahl, weil sie keine Idee haben, wie es anders gehen könnte. Nur die wenigsten wollen Kindern wirklich schaden.

Das Wort *Adultismus* kommt vom Englischen »adultism«. »Adult« bedeutet auf Deutsch »Erwachsene*r«. Die Endung »-ismus« zeigt, dass Menschen daran glau-

Fürn Mädchen ne' ganz gute Mathearbeit...

ben, dass Erwachsene besser sind als Kinder. Adultismus ist eine Form von »Diskriminierung«. Das Wort bedeutet, dass manche Menschen mehr → *Macht* haben als andere und deswegen Vorteile haben. Diskriminierung bedeutet außerdem, dass die weniger mächtigen Menschen abgewertet und schlecht behandelt werden. Diskriminierung gibt es auch in anderen Formen. Zum Beispiel haben Frauen oft weniger Macht als Männer, Schwarze Menschen weniger Macht als *weiße* Menschen und Arme weniger Macht als Reiche. Auch diese Formen von Diskriminierung haben Folgen für Kinder. Jedes Kind macht also eigene, ganz besondere Erfahrungen. Zum Beispiel machen Mädchen andere Erfahrungen als Jungen. Und Schwarze Mädchen machen andere Erfahrungen als *weiße* Mädchen.

Ein Mensch hat **Macht**, wenn er über andere Menschen, Tiere oder Dinge bestimmen kann. Aber Macht kann auch dazu dienen, sich zu wehren.

Deshalb wird Diskriminierung von jedem anders erlebt.

Eigentlich dürfen Menschen nicht diskriminiert werden. Gegen Diskriminierung gibt es verschiedene Gesetze. Zum Beispiel gibt es in Deutschland seit dem Jahr 2006 das *Allgemeine Gleichbehandlungsgesetz*. Leider geht dieses Gesetz zwar auf viele Arten von Diskriminierung ein, aber nicht auf Adultismus. Speziell für Kinder gibt es seit dem Jahr 1989 die ➡ *Kinderrechtskonvention der Vereinten Nationen*. Dazu schreiben wir später noch etwas mehr.

Wir finden es wichtig, über das Thema Adultismus zu sprechen und zu schreiben. Denn wir haben die Erfahrung gemacht, dass viele junge Menschen froh sind, darüber zu reden. Endlich finden sie ein Wort für etwas, das sie jeden Tag erleben. Und dieses Wort

In der **Kinderrechtskonvention** der Vereinten Nationen stehen 41 Artikel, die Kindern Schutzrechte, Versorgungsrechte und Beteiligungsrechte versprechen.

zu haben ist auch nützlich, um sich gegen Adultismus zu wehren.

Was findest du gerecht im Umgang zwischen Erwachsenen und Kindern, was nicht?

Wir wollen Beziehungen zwischen Erwachsenen und Kindern verändern. Wir wollen, dass Erwachsene ihre Macht mit Kindern teilen. Wir wollen, dass Kinder zu ihrem Recht kommen und mitbestimmen. Wir wollen Diskriminierung beenden. Dann hätten junge *und* ältere Menschen ein besseres Leben.

Wann fing Adultismus an?

Wann fing Adultismus an?

Adultismus ist nichts Neues. Schon vor vielen tausend Jahren haben Erwachsene angefangen, über Kinder zu bestimmen. Das war zu einer Zeit, als die Menschen mit ihren Familien und Tieren nicht mehr umherzogen. Stattdessen blieben sie an einem Ort (=sie wurden »sesshaft«). Verschiedene Arbeitsaufgaben wurden damals unter den Familienmitgliedern aufgeteilt. Ältere Kinder mussten auf ihre jüngeren Geschwister aufpassen. Sie mussten auch Hausarbeit machen. Meistens war es der Vater, der über die Kinder (und auch die Frauen) bestimmte.

Seitdem haben sich viele Vorstellungen entwickelt, wie Kinder zu sein haben und was Kinder tun müssen. Unter anderem wurden »Initiationsriten« eingeführt: Das war eine Art von Test, den Kinder bestehen mussten, um »erwachsen« sein zu dürfen. Oft waren diese Tests gefährlich oder schmerzhaft. Mit

Dafür bist du noch zu klein...
...und du bist schon zu groß!!

ihnen wollten Erwachsene Kinder kontrollieren, indem sie ihnen Angst einjagen. Bis heute haben sich manche Initiationsriten gehalten. Zum Beispiel die Kommunion oder die Konfirmation in der Kirche.

Vor etwa 3000 Jahren gab es große Gesellschaften in Ländern, die heute zum Beispiel China, Indien, Griechenland, Italien oder Mexiko heißen. Dort haben vor allem Gesetze und Gerichte zum Adultismus beigetragen. Jugendliche durften aus der Familie verstoßen werden, wenn sie sich nicht »benahmen«. Babys konnten getötet werden, ohne dass ihre Eltern dafür bestraft wurden. Das ist zum Glück heute anders.

Eine **Religion** ist ein Gedankengebäude, an das eine Gruppe von Menschen gemeinsam glauben. Es enthält viele Regeln und Gebote. In einer Religion gibt es einen Gott, eine Göttin oder gleich mehrere Gött*innen.

Vor allem in Europa wurden Kinder in den letzten tausend Jahren nicht gut behandelt. Im Namen von ➔Religionen durften

Kinder mit dem Stock geschlagen werden. Denn die Kinder sollten sich genauso benehmen, wie es in den »heiligen Büchern« steht. Ein solches Buch ist zum Beispiel die Bibel. Das Schlagen wurde »Züchtigung« genannt, obwohl es eigentlich »Gewalt« ist. Die Eltern entschieden außerdem darüber, wen ihre Kinder heiraten und welchen Beruf sie lernen sollten.

Die Europäer*innen begannen vor etwa 500 Jahren, mit Schiffen die Kontinente Afrika, Amerika und Asien zu erobern. Sie glaubten, sie dürften über die dort schon lange lebenden Menschen einfach bestimmen. Sie ließen sie für sich arbeiten und quälten sie. Sie brachten Sachen nach Europa, die ihnen eigentlich nicht gehörten. Dies wird »Kolonialisierung« genannt, dauerte bis nach dem Zweiten Weltkrieg und wirkt bis heute fort. Die Menschen dort wurden besonders schlecht behandelt. Viele Millionen Menschen in den kolonialisierten Ländern kamen durch die brutale Ausbeutung zu Tode oder wurden in Kriegen ermordet.

Die Europäer*innen behaupteten, die dort Lebenden seien *wie Kinder*. Sie glaubten, deswegen über diese Menschen bestimmen zu können. Ihre Heimatländer nannten sie »*Mutter*länder«. Dabei hatten viele dieser Gesellschaften ursprünglich einen besseren Umgang mit Kindern als die in Europa. Zum Beispiel wurden Kinder fast nie bestraft, und sie durften viel mehr. Die Europäer*innen hätten also etwas von ihnen lernen können.

Vor etwa 300 Jahren begann sich die Art von Adultismus in Europa jedoch zu verändern. Damals änderten sich viele Sichtweisen auf Dinge. Zum Beispiel, dass die Sonne sich nicht um die Erde dreht, sondern umgekehrt. Diese Zeit wird »Aufklärung« genannt. Einige Erwachsene benahmen sich weniger streng gegenüber Kindern. Kinder hatten mehr Raum, um auch mal zu spielen.

Du wildes Tier!
Dich muss man zähmen...

Die Erwachsenen haben damals »Erziehung« erfunden. Sie wollten, dass Kinder mehr lernen und sich gesünder entwickeln. Trotzdem ging es in der Erziehung immer nach den Vorstellungen der Erwachsenen. Das war ein bisschen, als wollten sie ein *wildes* Tier zähmen. Kinder waren noch immer nicht frei und durften nicht mitbestimmen. Ihre Wünsche wurden nicht ernst genommen. Sie hatten also keine andere Wahl, als sich anzupassen. Für die »Erziehung« wurden sogar besondere Einrichtungen geschaffen, mit speziell ausgebildeten Erwachsenen. Nämlich Kindergärten und Schulen. Aber auch Heime und Gefängnisse.

Adultismus heute

Adultismus heute

Adultismus zeigt sich heute in vielen verschiedenen Situationen. Einige haben wir ja anfangs bereits beschrieben.

In der Familie sind Kinder von ihren Eltern völlig abhängig. Die Eltern geben meistens vor, wann und wo Kinder etwas tun müssen. Zum Beispiel: aufstehen, schlafen gehen, essen, spielen, lernen oder Freizeit haben. Manche Eltern sind gemein oder sogar gewalttätig zu Kindern, ohne dass das jemand außerhalb der Familie mitkriegt. Das kann auch Kindern, die in einem Heim oder bei Pflegeeltern leben, passieren. Kindern aus armen Familien oder »behinderten« Kindern passiert das besonders oft. In den meisten Ländern gibt es Gesetze, die dies verhindern sollen. Ein Beispiel in Deutschland ist das *Recht auf gewaltfreie Erziehung*. Die meisten Kinder kennen sich aber mit Gesetzen nicht gut aus, die Gesetze werden

ihnen auch nicht erklärt. Sie wissen meist nicht, dass sie Rechte haben oder an wen sie sich wenden sollen. Es ist sehr schwierig für sie, ihre Rechte einzulösen.

Hast du dich in einer Notlage schon mal an einen Erwachsenen gewandt, dem du vertraust? Das könnte auch jemand beim Jugendamt oder einer Beratungsstelle sein? Weißt du, wie diese im Notfall zu erreichen sind? Auf dem Familienportal findest du einige Notrufnummern und Anlaufstellen: https://familienportal.de/familienportal/lebenslagen/krise-und-konflikt/krisetelefone-anlaufstellen.

Die Erziehung in der Familie benutzt Erzählungen, die Großeltern an Eltern und diese an Kinder weitergeben. Dazu gehören zum Beispiel Märchen, in denen Kinder geschlagen, verbrannt oder umgebracht wer-

Bild rechts: Der Struwwelpeter ist eines der bekanntesten deutschen Kinderbücher. Dabei werden Kinder darin die ganze Zeit für ihr Verhalten bestraft.

Sieh einmal, hier steht er,
Pfui! der Struwwelpeter!
An den Handen beiden
Ließ er sich nicht schneiden
Seine Nägel fast ein Jahr;
Kämmen ließ er nicht sein Haar.
Pfui! ruft da ein jeder:
Garst'ger Struwwelpeter!

den, weil sie sich nicht richtig benehmen. Das soll den Kindern Angst einjagen. Auch mit manchen Kinderbüchern und Kinderliedern sollten Kinder eingeschüchtert werden. Eine Kinderrechtlerin namens Ellen Key forderte deswegen schon vor über 100 Jahren ein besonderes Recht: Kinder sollen ihre Eltern selber wählen dürfen.

Wie würdest du es finden, wenn du deine Eltern selber wählen könntest?

Auch in der Schule spielt Adultismus eine große Rolle. Die Lehrer*innen haben viel Macht. Sie können über fast alles bestimmen, was im Klassenraum passiert. Sie bestimmen, was, wo und wann Schüler*innen lernen. Sie urteilen über Schüler*innen und geben ihnen Noten. Daher arbeiten Schüler*innen oft nicht so gut miteinander, sondern gegeneinander. Was Kinder in der Schule lernen sollen, ist für sie oft gar nicht interessant. Sie stellen sich häufig ganz andere Fragen. Außerdem: Wer sagt, dass Lehrer*innen nicht auch et-

DER LEHRER

was von Schüler*innen lernen könnten? Bis vor etwa 50 Jahren durften Lehrer*innen in Deutschland Schüler*innen sogar schlagen.

Lehrer*innen haben wahrscheinlich selber Angst, dass in der Klasse alles drunter und drüber geht. Dann können sie die Schüler*innen nicht mehr kontrollieren. In Schulen sollen Kinder zu braven ➡ Bürger*innen und fleißigen Arbeiter*innen erzogen werden. Wenn Lehrer*innen das nicht schaffen, sagen andere Erwachsene, dass sie ihren Beruf nicht gut machen. Viele Kinder wollen nicht zur Schule gehen. In Deutschland und vielen anderen Ländern *müssen* Kinder aber zur Schule gehen (=»Schulpflicht«). Dabei könnten Schulen ganz anders sein. Sie könnten mehr die Gefühle, Interessen und Wünsche der Schüler*innen respektieren. Wir kommen später darauf zurück.

Bürger*innen sind die Menschen, die zu einem Staat gehören. Wie viel sie mitreden und mitentscheiden können, ist verschieden.

In Gesetzen, bei Gericht und in der ➜ Politik kommt Adultismus auch oft vor. Viele Gesetze diskriminieren Kinder und junge Erwachsene. Zum Beispiel sagen viele Gesetze, dass jungen Menschen für die gleiche Arbeit weniger bezahlt werden darf als älteren. Kinder dürfen außerdem keine Gesetze mitentwickeln.

In der **Politik** werden wichtige Entscheidungen getroffen. Zum Beispiel wer wie viel von was bekommt. Oder ob eine neue Straße oder ein Spielplatz gebaut wird.

Die Kinderrechtskonvention der Vereinten Nation verspricht Kindern viele gute Sachen. Zum Beispiel soll die Meinung von Kindern gehört werden, wenn Erwachsene über Dinge entscheiden. Außerdem sollen Kinder vor Gericht angehört und unterstützt werden. In der Kinderrechtskonvention steht aber auch, dass Erwachsene weiterhin darüber bestimmen dürfen, ob, wann und wozu Kinder angehört werden. Und wenn Kinder angehört werden, zählt ihre Meinung oft weniger als die der Erwachsenen. Das kann besonders krasse Folgen haben. Zum Beispiel wenn sich Kinder, Eltern und Ärzt*innen darüber streiten, ob ein Kind operiert werden soll. Die Meinung des Kindes wird manchmal zwar angehört, aber meistens nicht sehr ernst genommen.

Ein Mensch wird **»minderjährig«** genannt, wenn er unter 18 Jahre alt ist. Dabei ist das »minder« schon ein bisschen beleidigend.

Fast alle Länder haben ein **Grundgesetz** (oft heißt das »Verfassung«), in dem die wichtigsten Regeln für das Zusammenleben stehen.

Erst wenn Menschen nicht mehr ➜ »minderjährig« sind, also 18 Jahre alt werden, haben sie volle Rechte. Manche Menschen möchten daher die Kinderrechtskonvention umschreiben. Am besten beteiligen sich dann auch Kinder daran, sie neu zu schreiben. Gerade streiten sich die Politiker*innen in Deutschland darum, ob Kinderrechte ins ➜ Grundgesetz kommen.

Ich weiß, wo's langgeht ...
Und woher weißt du, wo wir hin wollen??

In vielen Ländern gehen Menschen alle paar Jahre **wählen**, um zu bestimmen, wer regieren darf.

Kinder dürfen nicht ➡ wählen und nicht gewählt werden. Das bedeutet, dass sie keinen Einfluss auf politische Entscheidungen haben. Aber es gibt auch andere Gründe, warum junge Menschen wenig zu sagen haben in der Politik. Ein Grund ist, dass die meisten Kinder die Art der Politik langweilig finden. Politiker*innen benutzen eine schwierige Sprache und reden sehr lange. Und die Themen interessieren die jungen Menschen oft nicht. Ein anderer Grund ist, dass die Menschen in der Gesellschaft immer älter werden. Das bedeutet, dass mehr ältere als jüngere Menschen wählen und deshalb mehr bestimmen können.

Würdest du gerne wählen können? Was würde sich ändern, wenn alle Kinder wählen dürften?

Es gibt weitere Orte, an denen Adultismus passiert. Zum Beispiel dürfen Kinder manchmal nicht in Geschäfte, Cafés oder Hotels. Oder es gibt die Plätze, an denen Kinder nicht Ballspielen oder Jugendliche sich nicht treffen dürfen. Meistens sagen Erwachsene, das wäre so, weil Kinder oder Jugendliche laut oder gefährlich sein könnten. Oder etwas klauen oder kaputt machen könnten. Adultismus wirkt sich außerdem auf die Art aus, wie gebaut wird. Türgriffe, Lichtschalter, Treppenstufen, Theken, Tische, Stühle, Toiletten, Waschbecken und Schilder sind auf Erwachsenenhöhe. Die meisten Städte sind für Erwachsene gebaut, die Auto fahren können. Kinder können dort nicht spielen, sondern nur auf eingezäunten Spielplätzen. Sie müssen immer von Erwachsenen von einem Ort zum anderen gebracht werden.

Manchmal wollen Erwachsene Kindern etwas Gutes tun, das trotzdem adultistisch ist. Zum Beispiel, wenn Erwachsene Kinder vor Gefahren schützen wollen. Wir finden es wichtig, Kinder vor Gefahren zu schützen, die sie selber nicht sehen. Wenn ein Kind auf eine Straße mit vielen Autos rennt etwa. Aber in Europa werden Kinder mehr als notwendig beschützt. Zum Beispiel dürfen sie sehr viele Sachen erst ab einem bestimmten Alter machen. Richtig arbeiten dürfen sie erst ab 15 Jahren. Einen Vertrag dürfen sie ohne Zustimmung der Eltern erst ab 18 Jahren abschließen.

Erwachsene haben Angst, dass Kindern etwas passieren könnte. Deshalb erlauben sie Kindern vieles nicht und kontrollieren sie. Das kann aber manchmal diskriminierend sein. Zum Beispiel, wenn Kinder arbeiten und Geld verdienen wollen. Manchmal verbieten Erwachsene Kindern alles, was mit ➡ Sex zu tun hat. Oder sie reden nicht über das Thema. Das ist ein Pro-

Sex hat mehrere Bedeutungen. Hier meinen wir, Geschlechtsteile zu zeigen, mit ihnen zu spielen, sich auch gegenseitig zu berühren, sich Lust und Vergnügen zu verschaffen oder miteinander zu »schlafen«.

Tja, das kannste eben nicht so gut...

blem. Wir finden es dagegen wichtig, mit Kindern offen über Sex reden zu dürfen, wenn es sie interessiert. Sie sollten unterstützt werden, selber Grenzen zu setzen. Und die Gefühle der anderen zu respektieren. Natürlich sollen Erwachsene Kinder vor Menschen beschützen, die gemein zu Kindern sind.

Viele Erwachsene denken, sie seien wertvoller und besser als Kinder. Sie nehmen Kinder nicht ernst und schließen sie von Entscheidungen aus. Aber Kinder werden auch von Dingen ferngehalten, die wichtig sein könnten. Zum Beispiel dürfen sie ein Bankkonto nicht selber eröffnen oder bestimmte Sachen nicht kaufen. Wenn sie einen Krankenwagen rufen, bekommen sie in manchen Ländern keine Hilfe. Wir denken, dass es ungerecht ist, wenn solche Dinge nur vom Alter abhängig gemacht werden. Weil auch Jüngere für diese Sachen klug genug sein können. Das Alter sagt eben nicht viel darüber aus, was jemand weiß oder kann.

Manchmal wollen Erwachsene Kinder »ausbeuten«. Das heißt, dass Kinder für sie etwas tun sollen und nichts zurückbekommen. Zum Beispiel sollen Kinder sich für ein Foto aufstellen. Das Foto wird in einem Buch gedruckt. Die Fotografin bekommt für das Foto Geld, die Kinder aber nichts.

Wenn Erwachsene die Erde kaputt machen, ist auch das Adultismus. In Zukunft werden die Kinder von heute deswegen wahrscheinlich große Probleme bekommen. Denn die Erwachsenen kümmern sich nicht gut um die Erde. Vor allem der ➔ Klimawandel ist ein riesiges Problem, zuallererst in den armen Ländern. Kinder brauchen aber die Natur und Umwelt, um ge-

Beim **Klimawandel** erwärmt sich die Erde über einen langen Zeitraum immer weiter. Das ist für die gesamte Menschheit und Tierwelt gefährlich. Zum Klimawandel tragen zum Beispiel Kohlekraftwerke und dicke Autos bei.

Junge Menschen von *Fridays for Future* in Köln demonstrieren gegen die Kohleverbrennung. Kohlekraftwerke sind für die Klimakatastrophe mitverantwortlich.

sund aufwachsen zu können. Zum Beispiel brauchen sie sauberes Wasser, frische Luft, Pflanzen und Tiere, um zu leben. In manchen Ländern wachsen Kinder schon heute ungesund auf oder müssen früh sterben.

Kennst du *Fridays for Future*, die *Letzte Generation* oder eine andere Gruppe junger Menschen, die sich für die Erde, die Natur oder die Umwelt einsetzt?

Warum gibt es Adultismus?

Warum gibt es Adultismus?

Kommen wir also zu der Frage, warum Erwachsene adultistisch sind. Warum denken sie, dass Kinder immer weniger wissen und können als sie selber? Warum hören sie Kindern nicht zu oder nehmen sie nicht ernst? Warum wollen sie Kinder benutzen oder ausbeuten, nur weil diese jünger oder kleiner sind? Warum denken sie, dass Kinder weniger wichtig sind als Erwachsene? Viele Dinge haben dazu beigetragen.

In den letzten Jahrhunderten hat sich ein bestimmtes Bild von Kindern verbreitet:

- **Kinder denken nur an sich selbst.**
- **Kinder können nichts Schwieriges verstehen.**
- **Kinder passen nicht auf.**
- **Kinder machen Sachen nicht »richtig«.**
- **Kinder sind wild und ungerecht.**

Das alles mag zwar manchmal stimmen. Aber es trifft genauso auf Erwachsene zu.

Und wie du sicherlich weißt: Kinder können auch ganz anders sein!

Aber warum haben Erwachsene solche Vorstellungen? Hierfür kommen viele Ursachen zusammen. Ein Grund ist, dass ➜ Psycholog*innen im letzten Jahrhundert an einigen Kindern geforscht haben. Sie glaubten danach, etwas über Kinder zu wissen. Dieses Wissen haben sie auf *alle* Kinder übertragen. Die Forscher*innen haben nicht mitbedacht, dass Kinder an anderen Orten und zu anderen Zeiten anders sein können. Von ihnen haben andere Erwachsene gelernt, dass Kinder so und so sein sollen. So denken auch sie, dass alle Kinder in einem bestimmten Alter gleich viel wissen und können. Je älter desto mehr. Die Kinder, mit denen sie wirklich zu tun haben, fragen sie dann gar nicht mehr. Sie

Psycholog*innen sind Menschen, die sich mit Gefühlen, Gedanken und Verhalten von anderen Menschen beschäftigen und diesen manchmal bei Problemen helfen.

interessieren sich nicht mehr dafür, was die Kinder schon können und wie sie die Welt sehen.

Erwachsene wollen außerdem oft, dass ihre Kinder so werden wie sie. Sie wollen, dass ihre Kinder die gleichen Erfahrungen machen. Oder den gleichen Beruf erlernen. Dabei muss jeder Mensch seine eigenen Erfahrungen machen. Und seinen eigenen Weg gehen.

Manche Erwachsene stecken selber in einer schwierigen Situation. Vielleicht haben sie nicht genug Geld. Vielleicht sind sie gestresst. Vielleicht haben sie es aber einfach nicht besser gelernt. Die meisten Erwachsenen wurden ja in ihrer Kindheit selber adultistisch behandelt.

Erwachsene sind aber manchmal auch faul und wollen nicht nachdenken. Ihnen gefällt es, »erwachsen« zu sein. In der Gesellschaft

Immer deine Launen...
Bist du aber empfindlich!!
Bist du dumm!
3-
Wer sind Sie?
Ich bin dumm, empfindlich, launisch

ist es normal, erwachsen zu sein. Niemand regt sich darüber auf. So können sie ganz einfach über Kinder bestimmen. Sie denken, dass Kinder von ihnen immer geführt werden müssen. Erwachsene müssen deswegen nicht erklären, warum sie dies und jenes von Kindern verlangen. Eine Folge ist: Kinder wollen so schnell wie möglich selber erwachsen werden. Denn dann dürfen sie das auch.

Welche Erwachsene kennst du, die sich *nicht* adultistisch verhalten? Was machen sie anders?

Es ist unklar, wann Adultismus angefangen hat. Wir haben bereits geschrieben, warum sich Menschen in Gruppen von Kindern und Erwachsenen aufgeteilt haben. Und dass diese unterschiedlich behandelt wurden. Erwachsene haben dann nach und

Bild rechts: In Kitas und Kindergärten gibt es oft einen *Morgenkreis*. Kinder kommen dort zusammen, um sich auf den Tag einzustimmen.

Schaut mal, da haben welche beim Morgenkreis so rumgezappelt, dass sie versteinert sind!

nach Macht über Kinder bekommen. Diese Macht wurde immer weitergegeben. Wir haben gesehen, was dazu beigetragen hat: Sprache, Märchen, Schule, Regeln, Gesetze und Politik zum Beispiel. Heute ist Adultismus fast überall im Alltag von Kindern und Erwachsenen zu spüren.

Adultismus ist schlecht für Kinder. Aber auch Erwachsenen tut er nicht unbedingt gut. Zum Beispiel haben sie dadurch eine schlechtere Beziehung zu Kindern. Das Zusammenleben ist dann anstrengender.

Einige Erwachsene fragen sich, ob die Gesellschaft adultistisch sein *muss*. Auch viele Kinder und Jugendliche wollen Adultismus beenden. Das ergibt Sinn. Denn das könnte Kindern helfen, sich selbst mehr zu vertrauen. Das könnte ihnen auch ein besseres Ge-

Bild rechts: Beim *Casting* für einen Film oder eine Serie müssen die Schauspieler*innen beweisen, dass sie für eine bestimmte Rolle geeignet sind.

Ich nehm' die ...
ELTERN CASTING

fühl zum Leben geben. Sie könnten selber spüren, was für sie gut ist. Und sie können sich dann selber besser schützen.

Natürlich würde es weiterhin Unterschiede zwischen Kindern und Erwachsenen geben. Aber Erwachsene würden nicht mehr über Kinder ➡ herrschen. Kinder würden ernst genommen in allem, was sie denken und tun. Kinder würden nicht mehr als minderwertig, sondern als gleichwertig behandelt. Kinder könnten überall mitbestimmen. Kinder und Erwachsene wären dann Partner*innen. Es gäbe dann keine *Er*ziehung mehr, sondern *Be*ziehung!

Menschen **herrschen** über andere Menschen, wenn sie über eine längere Zeit viel Macht über sie ausüben.

Wie stellst du dir eine Gesellschaft ohne Adultismus vor? Wie würden darin die Beziehungen zwischen Erwachsenen und Kindern aussehen?

Was kann gegen Adultismus getan werden?

Was kann gegen Adultismus getan werden?

Es gibt schon seit langem einige Kinder, Jugendliche und Erwachsene, die sich gegen Adultismus wehren. Manche tun es ganz bewusst. Manche tun es eher so nebenbei. Manche tun es alleine, manche in einer Gruppe. Sie benutzen aber selten das Wort »Adultismus«. Das braucht es ja auch nicht unbedingt.

Zum Beispiel haben sich Schüler*innen während der Corona-Zeit zusammengetan. Sie wehrten sich gegen ihre schlechte Behandlung. Sie beschwerten sich, dass ihnen nicht zugehört wurde. Einige haben eine ➡ Petition geschrieben und auch Erwachsene gebeten, sie zu unterstützen. Sie

Bild rechts: Schulstreiks gab es auch vor *Fridays for Future.* Hier zum Beispiel um 1930 gegen Sparmaßnahmen in einer Gemeindeschule in Berlin-Neukölln.

Arbeitereltern
Unterstützt den
Schulstreik in Neukölln
Wegen Sparmaßnahmen
des Magistrats
streikt die und
Gemeindeschule

Bei einer **Petition** engagieren sich Menschen für eine Sache und fragen andere, ob sie die Sache unterstützen. Sie reichen die Petition dann an Politiker*innen weiter und hoffen (manchmal vergeblich) auf Veränderung.

wollten unter anderem mehr Masken und Schnelltests für die Schulen. Sie wollten gefragt werden, wie die Schutzmaßnahmen an ihren Schulen aussehen sollen. 150.000 Menschen haben die Petition unterzeichnet. Danach haben Politiker*innen ihnen zugehört. Wir müssen noch sehen, ob sich auch etwas verändert.

Hast du dich schon mal für etwas Ähnliches eingesetzt? Wie hast du das gemacht?

Viele Kinder und Erwachsene haben sich schon über die Schule geärgert. Schon vor über 100 Jahren haben Erwachsene neue Schulformen entwickelt. Dort waren die Schüler*innen freier. Sie konnten entscheiden, was sie lernen wollen und wann sie es lernen. Schüler*innen lernten dort nicht

In der englischen Schule *Summerhill* werden die meisten Entscheidungen, Beschlüsse und Regeln gemeinsam getroffen. Dabei haben alle Menschen eine Stimme, egal wie alt sie sind.

nur von Lehrer*innen, sondern auch von anderen Schüler*innen. Oder von anderen Menschen in der Stadt. Manche dieser Schulen gibt es heute noch oder sie werden neu gegründet. Sie heißen »freie demokratische Schulen« oder »freie Alternativschulen«. Ab und zu gab es sogar Versuche, die Schulpflicht abzuschaffen. Kinder konnten dann auch zuhause lernen. Allerdings muss man dann aufpassen. Denn die eigenen Eltern sind nicht immer die besseren Lehrer*innen. Vielleicht gibt es irgendwann statt der Schulpflicht ein selbstbestimmtes »Bildungsrecht«?

Auch die normalen Schulen haben dazu gelernt. Kinderrechte werden dort immer wichtiger. In manchen Schulen gibt es Klassenräte oder Schüler*innenparlamente. Dadurch sollten Schüler*innen eigentlich viel in ihrer Schule entscheiden dürfen. Leider lassen das manche Lehrer*innen aber nicht zu oder benutzen den Klassenrat für andere Zwecke. Zum Beispiel um wieder Ruhe im Klassenraum zu haben. Oder um Unterrichtsstoff nachzuholen.

Wie würde deine ideale Schule oder Lernform aussehen? Was unterscheidet sie von »normalen« Schulen und Lernformen?

In Heimen und Pflegefamilien in Deutschland haben Kinder ein »Beschwerderecht«. Kinder dürfen sich bei Erwachsenen beschweren, wenn sie etwas ungerecht finden. Oder wenn sie schlecht behandelt werden. Dafür kann es eine Vertrauensperson in der Einrichtung geben. Oder außerhalb der Einrichtung, zum Beispiel in einer ➔ Ombudsstelle. Das Beschwerderecht ist aber ziemlich neu und an manchen Orten noch gar nicht umgesetzt. Das *muss* jetzt aber schnell passieren.

Eine **Ombudsstelle** hilft dir (und anderen Menschen), deine Rechte umzusetzen. Die Mitarbeiter*innen beraten dich und manchmal begleiten sie dich zu einer Gerichtsverhandlung.

Auch der Kinderschutz ist oft adultistisch. Aber das muss nicht immer so sein. Dafür ist es wichtig, dass Kinder stärker werden. Sie sollen nicht eingegrenzt, kontrolliert und bestraft werden. Stattdessen müssen Erwachsene Kinder dabei unterstützen, Ge-

Wenn Menschen mit etwas nicht einverstanden sind, und dies irgendwie ausdrücken, üben sie **Kritik**.

fahren zu erkennen. Kinder sollen ➡ Kritik üben können. Erwachsene müssen Kindern Verantwortung überlassen. Sie müssen Kindern zutrauen, selbst Grenzen zu setzen, und sie dabei unterstützen. Und sie müssen Kinder über ihre Rechte aufklären. Außerdem müssen die Umstände verbessert werden, in denen Kinder aufwachsen. Zum Beispiel darf es keine Kinderarmut oder Gewalt mehr geben. Und Kinder müssen schnell Hilfe erhalten, wenn ihnen etwas passiert. Heutzutage muss das alles auch im Internet und bei Computerspielen beachtet werden.

Es ist wichtig, dass Kinder *und* Erwachsene sich mit Kinderrechten auskennen. Denn nur so wissen Kinder, was ihnen zusteht. Also was sie dürfen oder bekommen sollten. Umfragen in Deutschland zeigen, dass dies leider nicht oft der Fall ist. Nur jedes

Ihr seid noch viel zu klein ...
Aber nicht, um Rechte zu haben!!!
KINDERRECHTE

siebte Kind kennt mehrere Kinderrechte. Bei den Erwachsenen sind es sogar noch weniger. Fast alle Länder der Welt haben die *Kinderrechtskonvention der Vereinten Nationen* unterschrieben. Damit haben die Länder versprochen, die Kinderrechte umzusetzen. Die 41 Kinderrechte werden manchmal zusammengefasst. Jedes Kind hat ein Recht auf:

- **Gleichheit**
- **Gesundheit**
- **Bildung**
- **Spiel und Freizeit**
- **Freie Meinungsäußerung, Information und Gehör**
- **Gewaltfreie Erziehung**
- **Schutz im Krieg und auf der Flucht**
- **Schutz vor wirtschaftlicher und sexueller Ausbeutung**
- **Elterliche Fürsorge**
- **Betreuung bei Behinderung**

Welche Kinderrechte kanntest du bereits? Welche weiteren Kinderrechte wünschst du dir?

Wir haben vorher schon geschrieben, dass die Kinderrechte der Vereinten Nationen nicht perfekt sind. Sie sollten von Kindern weiterentwickelt werden. Trotzdem ist es gut, dass es sie gibt. Wie du sicherlich selber merkst, werden Kinderrechte bloß nicht immer umgesetzt. Damit sie besser umgesetzt werden, müssen sich viel mehr Erwachsene und Kinder für sie einsetzen.

In Afrika, Asien und Südamerika haben sich arbeitende Kinder in Gruppen zusammengetan. Dabei sind oft mehrere Hundert junge Menschen zusammengekommen. Und diese Gruppen stehen in Kontakt mit anderen Gruppen. Sie reden über das Gute und das Schlechte an ihrer Arbeit. Sie überlegen gemeinsam, wie sie ihre Arbeit besser machen können. Sie wollen arbeiten und Geld verdienen. Aber sie wollen gut behandelt werden, sich nicht gefährden müssen und richtig bezahlt werden. Sie wehren sich gemeinsam gegen Erwachsene, die sie schlecht behan-

Im Rahmen des Projektes KinderTheaterGesellschaft des GRIPS Werke e.V. haben junge Menschen im Alter von 9 bis 12 Jahren Forderungen aufgestellt:

Wie Erwachsene mit uns umgehen sollen!

- Wenn wir Probleme haben, fragt erstmal, was bei uns los ist, statt gleich zu helfen. Wenn wir keine Ideen haben, schlagt uns welche vor.
- Denkt lieber nach, bevor ihr schreit.
- Ihr könnt uns einfach nett bitten zuzuhören, statt gleich auszurasten.
- Ihr sagt etwas laut, damit wir es besser verstehen. Aber wir verstehen es nicht besser, wenn ihr laut seid.
- Erwachsene sollen verstehen wollen, was wir genau wollen und sagen, was sie nicht wollen und dann eine Lösung finden, die beide okay finden.
- Vergleiche mit Älteren oder eurer Kindheit bringen gar nichts. Das war ein anderes Zeitalter. Die Welt dreht sich mega schnell.
- Sagt lieber, was wir noch dürfen, als was wir jetzt lassen müssen.
- Auch wenn ihr beschäftigt seid, hört doch mal kurz richtig zu.

- **Probiert doch mal die Tipps selber aus, die ihr uns gebt (z.B. ein Tag ohne Handy).**
- **Sagt doofe oder private Dinge nicht vor der ganzen Gruppe. Lieber am Ende alleine. Manche Kinder macht das richtig traurig und wütend.**
- **Wenn wir einen Lachanfall haben, nicht vor allen fragen, was so witzig war und mitlachen wollen, vielleicht war es was Privates.**
- **Erwachsene sollen fragen, ob sie Sachen über uns sagen dürfen.**
- **Wenn ein Erwachsener sich im Gespräch runterbeugt, weil das Kind kleiner ist, ist das unangenehm.**
- **Erwachsene sollen nicht so tun, als ob sie alles wüssten.**
- **Erwachsene sollen Kindern Sachen erklären, hingucken und gerecht sein.**

Auszug aus: *How to deal with us! Wie Erwachsene mit uns umgehen sollen!* (kostenlos herunterzuladen auf www.grips-werke.de/veroeffentlichungen). Autor*innen: Alice, Amnon, An-Nhien, Anna, Atay, Carlotta, Cassandra, Cosima, Deniz, Ella, Emily, Felia, Hana, Helene, Igballe, Jette, Jolanda, Julia, Julie, Justin, Kaan, Kiara, Lea, Leah, Lena, Lennox, Levy, Linda, Lotti, Luis, Luka, Madita, Mai, Marie, Mateo, Mia, Mila, Milan, Mine, Mir, Mona, Nike, Pauliana, Rayan, Razen, Sara, Shira, Shirali, Sophie, Tom, Vinzenz, Yelena & Yuri. Herausgegeben von Wiebke Hagemeier.

Eine Demonstration der Bewegungen arbeitender Kinder und Jugendlicher in Asunción, der Hauptstadt von Paraguay.

deln. Diese »Kinderbewegungen« werden auch von Erwachsenen unterstützt. Aber trotzdem sagen die Kinder, wo es lang geht. Die Erwachsenen helfen ihnen dabei, das zu tun, was sie selber nicht machen können oder dürfen. Zum Beispiel einen Vertrag unterschreiben. Manchmal werden die Kinderbewegungen sogar von der Politik angehört.

Diese jungen Menschen benutzen fast nie das Wort Adultismus. Trotzdem tragen sie dazu bei, Adultismus zu bekämpfen.

Weitere Beispiele für Kinder und Jugendliche, die sich alleine oder zusammen mit anderen für ein besseres Leben und eine bessere Zukunft einsetzen, sind:

- **Greta Thunberg und Fridays for Future**
- **Die Letzte Generation**
- **Jugendliche ohne Grenzen**
- **Never Again MSD**
- **Felix Finkbeiner**
- **Malala Yousafzai**
- **Emil Rustige**
- **Ahed Tamimi**
- **Makkala Panchayats**
- **Kinderbewegungen, wie UNATSBO, MAEJT oder MOLACNATS**

Wie und wofür haben sich diese Kinder und Jugendlichen eingesetzt? Suche doch mal ihre Namen oder Gruppen im Internet!

Manche Menschen denken, dass die Gruppe *Letze Generation* kriminell ist. Autofahrer*innen werden sehr wütend, wenn sich junge Menschen aus Protest an der Straße festkleben. Die Münchner Staatsanwaltschaft lässt sogar deren Wohnungen durchsuchen. Die *Letzte Generation* macht aber darauf aufmerksam, dass bereits beschlossene Klimagesetze nicht umgesetzt werden. Wer ist also »kriminell«?

In Deutschland gab es außerdem das *Naiv Kollektiv*. Jüngere und ältere Menschen halten gemeinsam Vorträge und geben Workshops gegen Adultismus. Sie interviewen Menschen und schreiben Texte. Sie benutzen das Wort »Adultismus« in voller Absicht. Hier kann ihr Erklärvideo auf YouTubc angeschaut werden: **https://youtu.be/ilTfj-kpn0Q.**

Manchmal setzen sich Kinder und Jugendliche auch ganz spontan für etwas ein, weil etwas Schlimmes passiert ist. Das dürfen sie auch. Denn auch Kinder haben das Recht zu ➡ demonstrieren. So war das 2018 in Dhaka, der Hauptstadt von Bangladesch: Rücksichtslose Autofahrer*innen hatten schon mehrere Kinder angefahren. Einige starben. Jugendliche haben dann zu Tausenden demonstriert und die Autofahrer*innen kontrolliert. Das fand die Regierung gar nicht lustig.

Ein anderes Beispiel sind Kinder, die wenig Geld und kein Zuhause oder keine Familie haben. Sie tun sich oft zusammen, um besser zu überleben. Sie zeigen sich gegenseitig, wie sie an Essen oder Medikamente kommen. Sie beschützen einander an ihren Schlafplätzen. Manche bauen sogar zusammen Gemüse an, um mehr und besser zu

Menschen **demonstrieren**, wenn sie zusammen auf die Straße gehen und sich lautstark oder mit Schildern für oder gegen etwas einsetzen.

essen zu haben. Sie teilen die Arbeit und teilen auch ihre Sachen. Zum Beispiel in Peru oder im Senegal.

Du siehst: Kinder können sich mit anderen zusammentun. Gemeinsam sind sie stärker. Wenn du mal einen Dokumentarfilm über Kinder und Jugendliche anschauen willst, die sich für etwas einsetzen: Suche den Film **»Morgen gehört uns«** von dem Filmemacher Gilles de Maistre. Oder den Film **»Kinder an die Macht«** von der Filmemacherin Anna Kersting.

Es ist genauso wichtig, dass Erwachsene über ihre Macht nachdenken. Ohne dass Kinder dabei sein müssen. Erwachsene müssen überlegen:

- **Wie viel Macht habe ich als Erwachsene*r?**
- **Wo übe ich Macht aus?**
- **Wie kann ich auf Macht über Kinder verzichten?**
- **Wie kann ich Macht mit Kindern teilen?**

Foto aus dem Film »Morgen gehört uns«.

Außerdem sollten sich Erwachsene fragen, wie ihre Umgebung und ihr Alltag aussehen:

- **Wie viel Raum haben Kinder, um sich selbständig und sorglos zu bewegen?**
- **Wie viel freie Zeit haben Kinder?**
- **Welche Dinge können Kinder frei benutzen?**
- **Wo können Kinder Entscheidungen beeinflussen?**

Und sie müssen sich darüber Gedanken machen, wie sich ihr Lebensstil auf Kinder an anderen Orten oder in der Zukunft auswirkt:

Foto aus dem Film »Kinder an die Macht«.

- **Haben sie eine gesunde Umwelt, Pflanzen und Tiere?**
- **Können sie gut leben?**
- **Werden Kinder in der Zukunft die gleichen Bedingungen wie heute haben?**
- **Wer spricht für die Kinder, die noch nicht geboren sind?**

Bei den Bundestagswahlen dürfen Menschen in Deutschland erst ab 18 Jahren wählen. Es gibt schon seit Jahren Erwachsene und Kinder, die wollen, dass Kinder wählen dürfen. Sie haben unterschiedliche

Viele junge Menschen, hier ein Junge in Kolumbien, zeichnen gerne Comics und Mangas. Sie kritisieren darin oft Sachen, die sie stören. Oder sie malen sich eine bessere Welt, in der Kinder mehr Einfluss haben.

Übersetzung rechte Seite: DAS RECHT, LESEN UND SCHREIBEN ZU LERNEN. **1)** Freunde und Freundinnen, wir müssen Alphabetisierungskurse organisieren. | Ja, um Kindern eine neue Chance zu geben, lesen und schreiben zu üben. **2)** Alphabet - A B C... **3)** EIN JAHR SPÄTER. | Wir brauchen mehr davon. | Danke für die Vorträge. So kommen wir immerhin mit unseren Arbeitgebern im Laden zurecht. | Guten Morgen, arbeitende Kinder und Jugendliche! | Boyon-James-Suru ist ein Delegierter der Bewegung arbeitender Kinder und Jugendlicher in Nigeria.

THE RIGHT TO LEARN HOW TO READ AND WRITE

BOYON-JAMES-SURU: NIGERIA (DELIGATE WCY)

Vorschläge gemacht. Einige wollen, dass Kinder ab 16 Jahren schon wählen dürfen. Andere wollen, dass Kinder ab 12 oder 14 Jahre wählen dürfen. Einige wollen sogar, dass Kinder nach der Geburt schon wählen dürfen: also natürlich erst dann, wenn sich das Kind selber dafür entscheidet. Manche wollen, dass die Eltern solange für ihr Kind wählen.

Viele Erwachsene sagen, dass Kinder nicht wählen sollten. Sie sagen, dass Kinder von Politik nichts verstehen. Dabei gibt es viele Erwachsene, die Politik selber nicht verstehen. Und sie dürfen trotzdem wählen. Wir denken, dass es keine guten ➜ Argumente gibt, um Kinder vom Wählen abzuhalten. Denn sie sind ja auch von den Entscheidungen in der Politik betroffen.

Eine wichtige Frage ist, ob Erwachsene *für* Kinder sprechen sollten. Oder ob Kinder

Manchmal können Menschen mit guten **Argumenten** (=Gründe *für* oder *gegen* etwas) überzeugt werden.

Zusammen sind!!
wir stark!!

immer nur für sich *selbst* sprechen sollen. Wir glauben, dass Erwachsene das manchmal tun müssen. Aber sie sollten davor und danach immer auch *mit* den Kindern reden. Und sie müssen den Kindern die Möglichkeit geben, überall ihre Meinung zu sagen, wenn sie es wollen. Das kann zum Beispiel auch auf einem Treffen von Erwachsenen sein.

In welchen Fällen sollten Erwachsene in deinem Namen sprechen dürfen, in welchen lieber nicht?

Gegen Adultismus zu sein bedeutet nicht, dass Kinder nun über Erwachsene bestimmen. Oder dass es völlig egal ist, was Kinder tun. Auch Erwachsene haben Rechte. Schließlich müssen wir ja alle zusammen klar kommen, wenn wir ein richtig gutes Leben haben wollen.

Es geht darum, dass Menschen gerecht zueinander sind. Es geht darum, dass Erwachsene und Kinder miteinander sprechen und sich zuhören. Dass sie Entscheidungen gemeinsam treffen und Macht teilen. Kinder sollen ernst genommen werden. Ihre Meinung soll ganz vorne stehen, wenn es um wichtige Entscheidungen geht, die sie betreffen. Auch das steht in der Kinderrechtskonvention der Vereinten Nationen. Dort geht es in Artikel 3 um den »Kindeswohlvorrang«.

Wir hoffen, du kannst mit der Zusammenfassung unseres dicken Buches etwas anfangen. Vielleicht kannst du mit Freund*innen darüber reden? Und wir hoffen, dass du vertrauensvolle Erwachsene um dich herum hast, mit denen du über Adultismus diskutieren kannst, wenn du willst. Vielleicht ändert sich ja bereits dadurch etwas Kleines. Und schließlich können *Er*-wachsene ja auch weiter wachsen – manchmal über sich hinaus. 😉

Über die Autoren und die Illustratorin

Manfred Liebel war bis 2005 als Professor für Soziologie an der TU Berlin tätig und hat von 2007 bis 2021 den Masterstudiengang »Childhood Studies and Children's Rights« an der FU Berlin und der FH Potsdam geleitet. Er ist Vater von zwei Kindern, die inzwischen 25 und 31 Jahre alt sind, und lebt in Berlin.

Philip Meade ist Dozent im oben genannten Masterstudiengang. Er war bis 2020 Kinderrechts-Beauftragter in der Berliner Jugendhilfe, heute arbeitet er freiberuflich zu Kinderrechten und Adultismus. Er lebt mit 35 Personen zwischen 1 und 66 Jahren in einem Berliner Hausprojekt.

Natascha Welz alias »Tasche« ist Kunstpädagogin und Cartoonistin. Sie zeichnet mit spitzer Feder für Bildungsmedien, illustriert Schulbücher oder veranstaltet Seminare für Fachkräfte in der Frühpädagogik zu Kunst und MINT-Themen. Sie lebt mit ihren vier Kindern in Berlin.

Nachweis der Abbildungen

Zeichnungen:
9, 13, 15, 17, 19, 25, 29, 33, 37, 41, 45, 53, 55, 57, 67, 74, 83: Natascha Welz

Fotos:
15: Philip Meade (CC BY 2.0 Lizenz)
35: gemeinfrei / public domain
48: Marco Verch, Flickr (CC BY 2.0 Lizenz)
61: gemeinfrei / public domain
63: © Summerhill School, Leiston, Suffolk, GB
72: © Callescuela
75: Stefan Müller, Wikipedia (CC BY 2.0 Lizenz)
78: © Gilles de Maistre
79: © Anne Kersting
80: Manfred Liebel (CC BY 2.0 Lizenz)
81: © AMWCY & enda tm jeunesse action

Impressum

Umschlaggestaltung: D. B. Berlin

Die Erstellung der Zeichnungen für diese Publikation erfolgte mit freundlicher Unterstützung des Deutschen Kinderhilfswerkes e. V.

Franz-Mehring-Platz 1, 10243 Berlin
www.bertz-fischer.de
Druck: Standart Impressa
www.standart.lt, Vilnius, Litauen
ISBN 978-3-86505-775-4